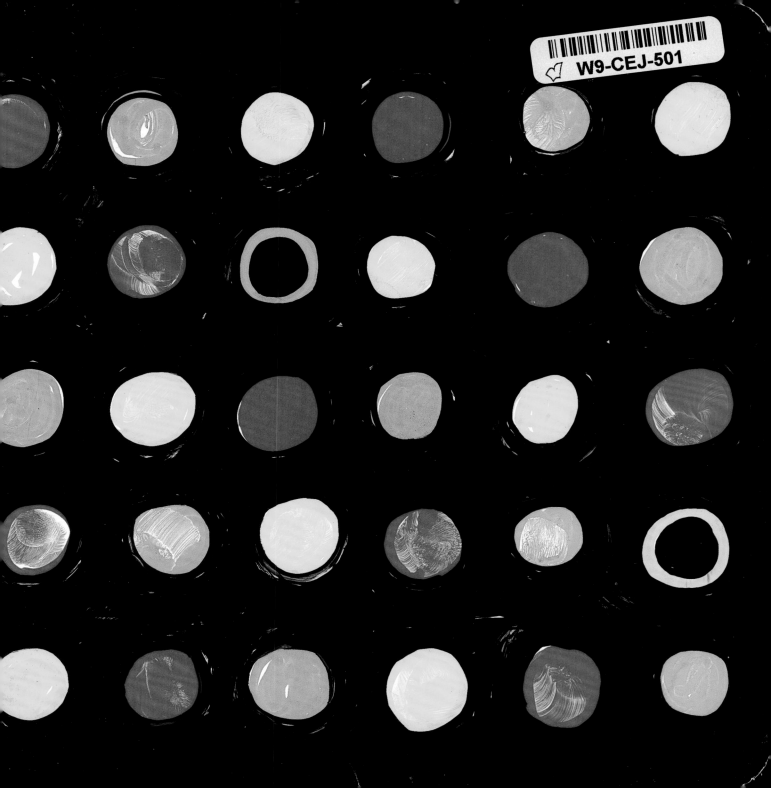

UN LIVRE !

by Hervé Tullet

© Bayard Editions, 2010

Simplified Chinese translation copyright

© 2012 by Beijing Poplar Culture Project Co., Ltd.

版权合同登记号：14-2011-575

蒲蒲兰绘本馆

点 点 点

埃尔维·杜莱 文/图　　蒲蒲兰 译

责任编辑：张海虹　　特约编辑：姚　茂　韩钰娟

出版发行：二十一世纪出版社（南昌市子安路75号）

出版人：张秋林　　经销：新华书店

印制：鸿博昊天科技有限公司

版次：2012年3月第1版　2015年5月第8次印刷

开本：889mm×1194mm　1/16　印张：4

书号：ISBN 978-7-5391-7554-6

定价：35.00元

赣版权登字-04-2012-67

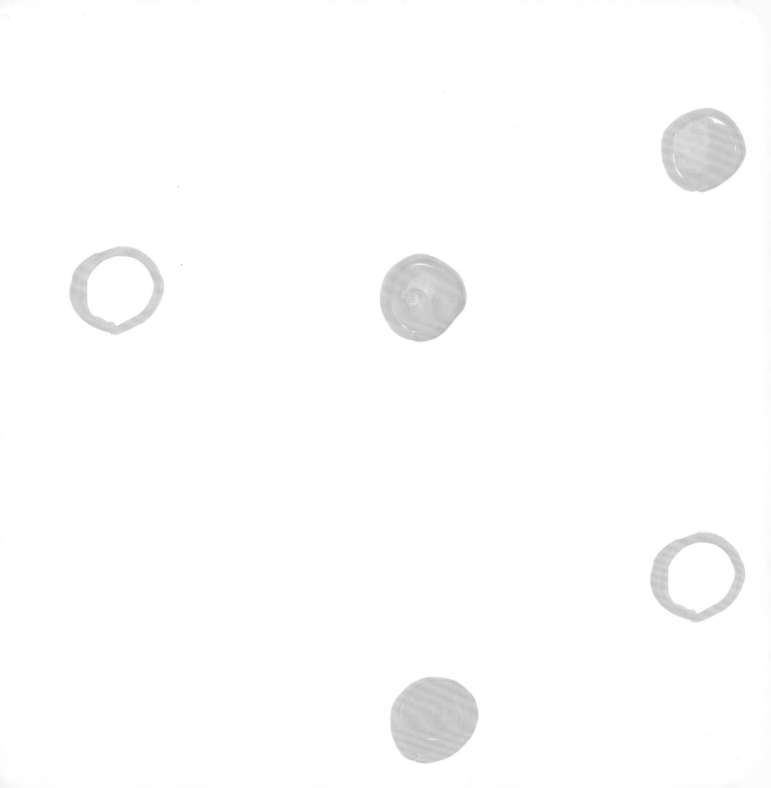

好样的！咱们再来一次？

要是你愿意的话，也可以朝着这个方向重新开始……→

好一下子就把明月宫……
别哭了！

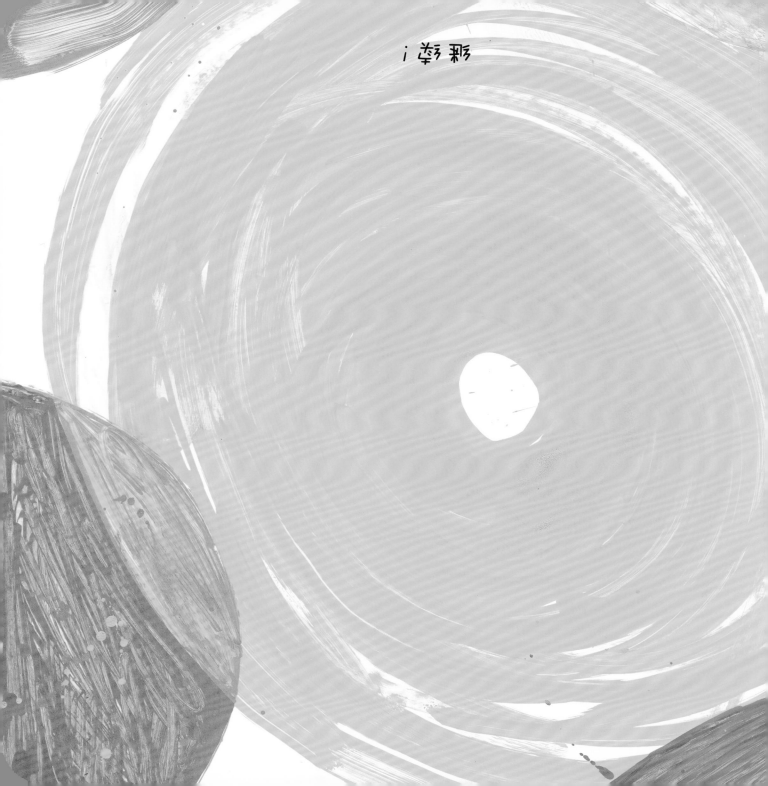

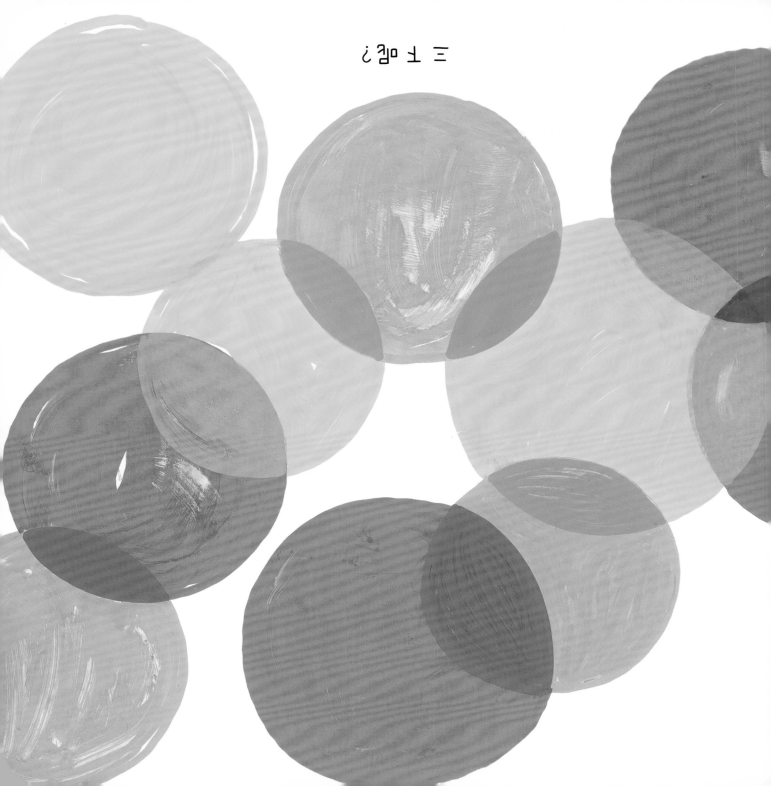

咦！粘亮上吧？

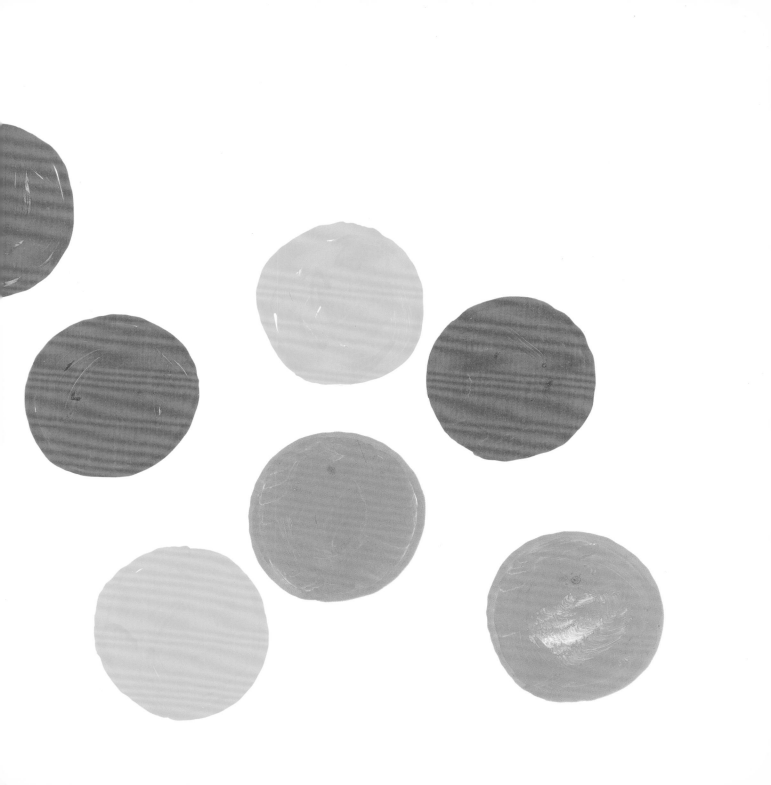

抓一下手，有着各色各样……

奶酪！太棒啦！

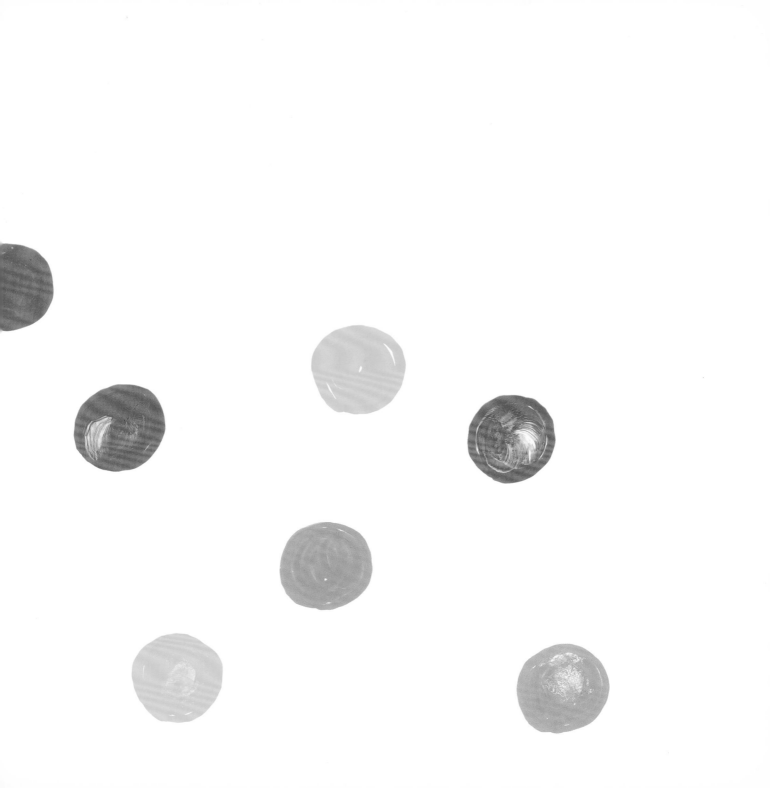

呀！劲儿太大了！

快把书立起来！看点点们能不能掉下来？

很漂亮，对不对？吹口气看看？

不过嘛……换汤换一换?

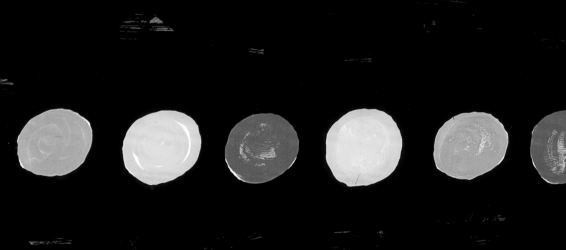

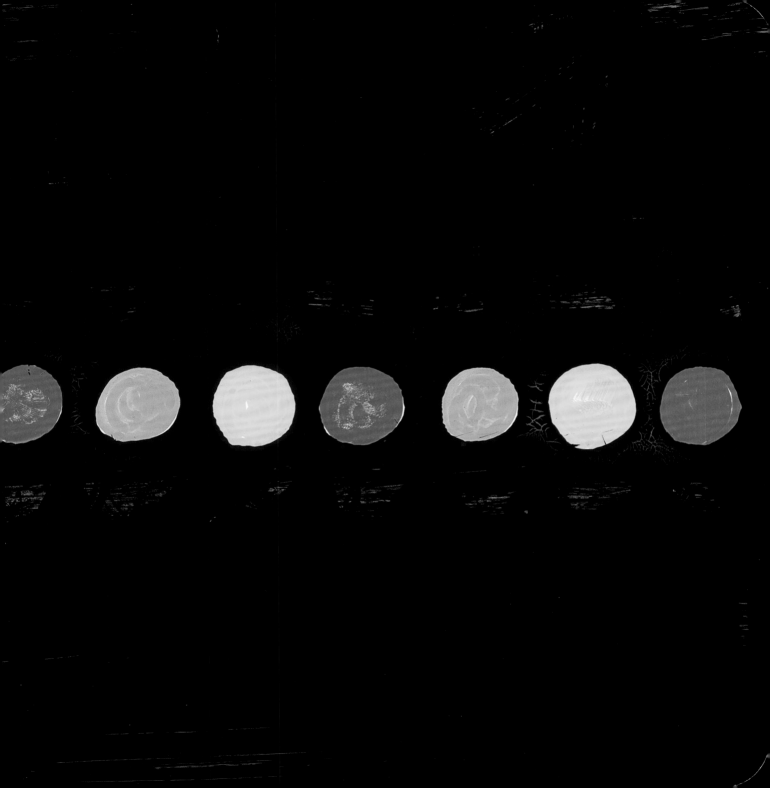

真棒！
（哇！有哪个小朋友互换了位置，你发现了吗？）
现在用力掀所有的鸡蛋！

哎呀！天黑了？再按按看？

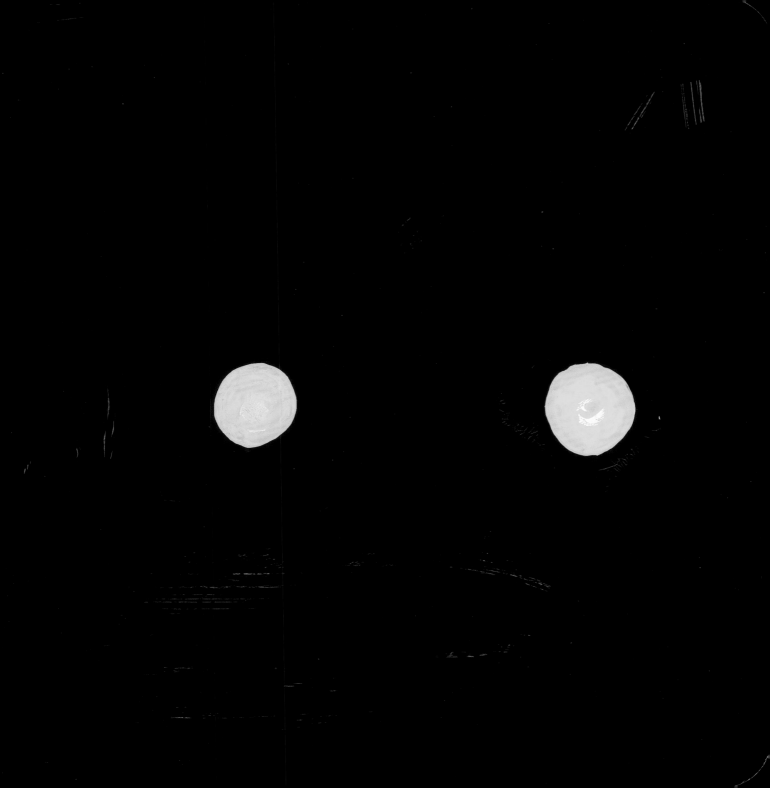

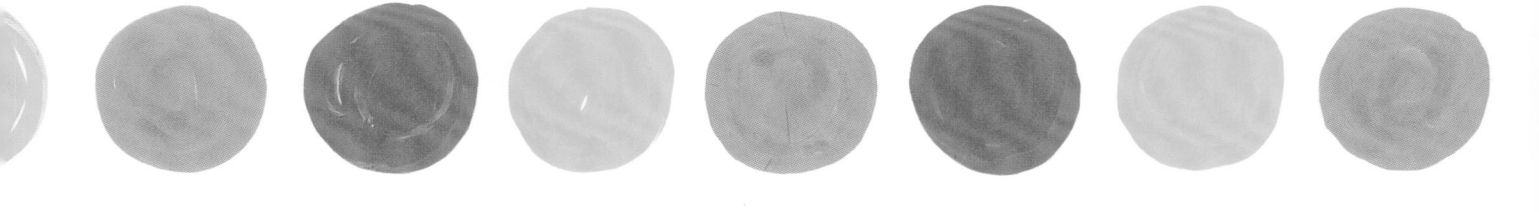

嗯，漂亮！使劲儿按所有的黄点，
看看会发生什么⋯⋯

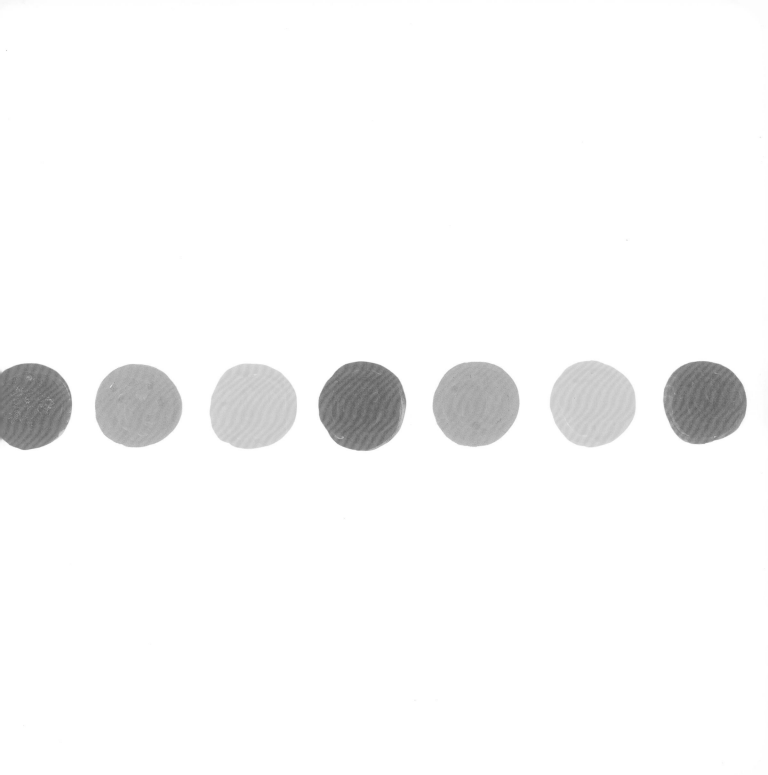

读起来! 里面扶持一摞, 礼花也少排列整齐光.

再往右呢？ 你要试试看吗？

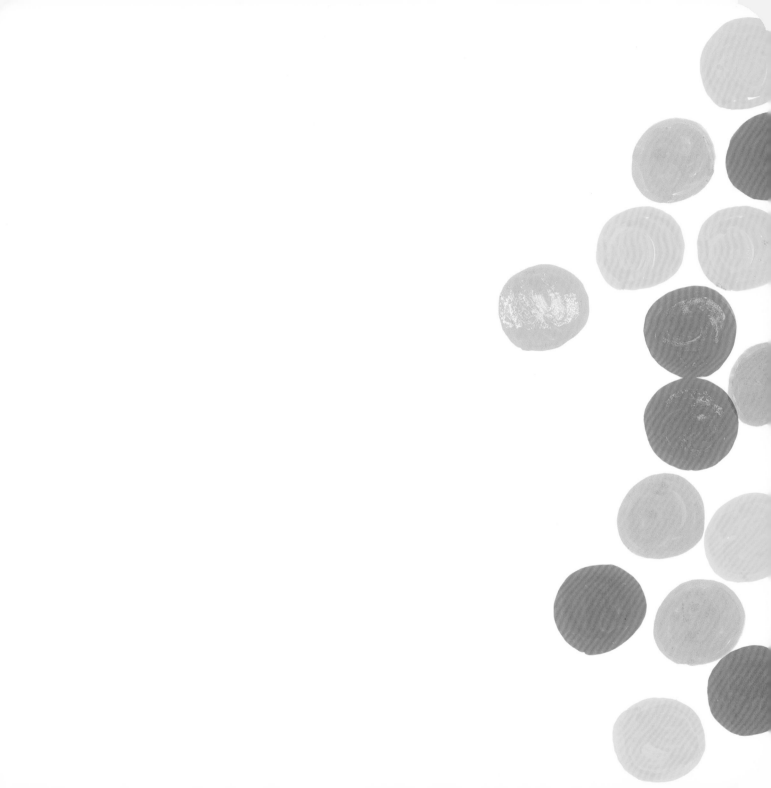

好嘛！非常好！把各种颜色向天空撒去，

看星星发生什么……

火焰！也用不着棉被……

好极啦! 起色都非常一样。

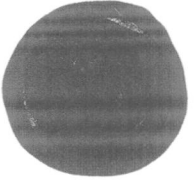

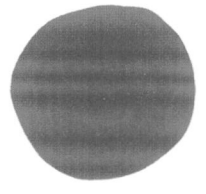
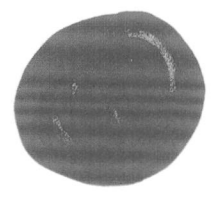

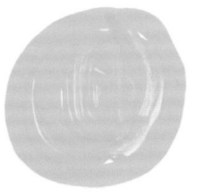

然后按五次蓝的。
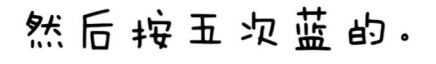

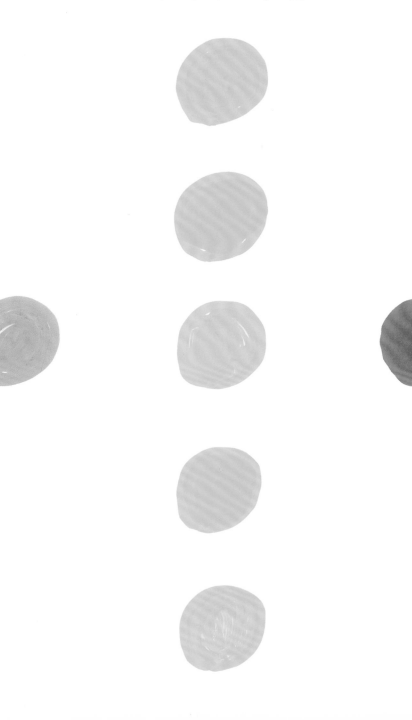

大情报！把失落在水里找回。

鸡蛋变样！请来描摹它们的颜色。

非常棒！现在用手指轻轻地摸摸左边的黄点。

信心！再来一下。

按一下这个黄点，翻到下一页。

二十一世纪出版社
21st Century Publishing House
中国优秀出版社

李欧·李奥尼 文/图　　彭懿 阿甲 译

我很喜欢给人惊喜。

因此，我在这本书中也装满了"惊喜"。

希望大家玩得开心。

你玩得怎么样？记得告诉我！

Hervé Tullet

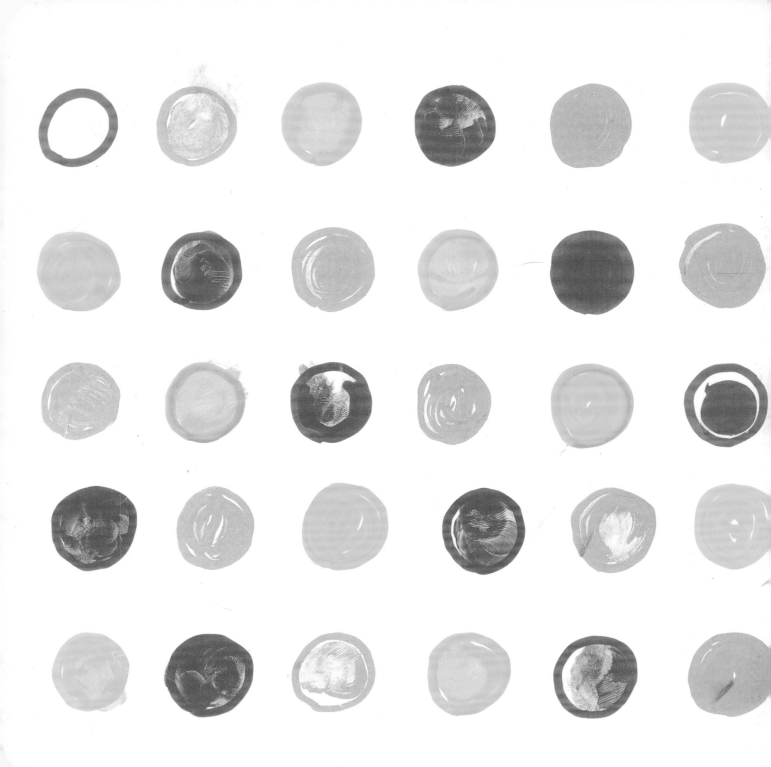